BEI GRIN MACHT SICH IHR WISSEN BEZAHLT

AF151925

- Wir veröffentlichen Ihre Hausarbeit, Bachelor- und Masterarbeit

- Ihr eigenes eBook und Buch - weltweit in allen wichtigen Shops

- Verdienen Sie an jedem Verkauf

Jetzt bei www.GRIN.com hochladen und kostenlos publizieren

Sebastian Ketting

Das ARCS-Modell - Theorie und Empirie

GRIN Verlag

Bibliografische Information der Deutschen Nationalbibliothek:

Die Deutsche Bibliothek verzeichnet diese Publikation in der Deutschen National-bibliografie; detaillierte bibliografische Daten sind im Internet über http://dnb.d-nb.de/ abrufbar.

Impressum:

Copyright © 2012 GRIN Verlag, Open Publishing GmbH
Druck und Bindung: Books on Demand GmbH, Norderstedt Germany
ISBN: 978-3-656-24537-7

Dieses Buch bei GRIN:

http://www.grin.com/de/e-book/197305/das-arcs-modell-theorie-und-empirie

GRIN - Your knowledge has value

Der GRIN Verlag publiziert seit 1998 wissenschaftliche Arbeiten von Studenten, Hochschullehrern und anderen Akademikern als eBook und gedrucktes Buch. Die Verlagswebsite www.grin.com ist die ideale Plattform zur Veröffentlichung von Hausarbeiten, Abschlussarbeiten, wissenschaftlichen Aufsätzen, Dissertationen und Fachbüchern.

Besuchen Sie uns im Internet:

http://www.grin.com/

http://www.facebook.com/grincom

http://www.twitter.com/grin_com

Philosophische Fakultät

Institut für Psychologie

Professur für die Psychologie des Lehren und Lernens

Seminar: Motivationsförderung in Lehr-Lernsituationen

WS 2011/2012

- Das ARCS-Modell -

Theorie und Empirie

Name:	Sebastian Ketting
Studiengang:	MA Lehramt ABS Geschichte / GRW
Fachsemester:	1

Gliederung:

1. Einleitende Bemerkungen

Motivation ist „die momentane Bereitschaft eines Individuums, seine sensorischen, kognitiven und motorischen Funktionen auf die Erreichung eines künftigen Zielzustandes zu richten und zu koordinieren." (Heckhausen 1974, S. 194)

Diese Definition Heckhausens verdeutlicht, warum Unterricht unabdingbar mit der Motivation der Unterrichteten verbunden ist. Wodurch die erzeugte Motivation bei den Schülern entsteht ist mit Sicherheit alles andere als nebensächlich, ist jedoch für die Tatsache *zunächst* einmal uninteressant, dass Motivation in jedem Fall vorhanden sein muss, um *irgendeine* Lernhandlung der Schüler zu erreichen. Jede effektive Lernhandlung von Schülern ist demnach durch Motivation motiviert und daher ist dieser Aspekt der Psychologie auch derartig zentral, wenn es um die Untersuchung von Lehr-Lern-Situationen geht. Wie erwähnt, kann Motivation im Allgemeinen auf sehr unterschiedliche Art und Weisen entstehen; begonnen durch die Aussicht auf die Erlangung erwünschter Güter, über das Lehrerverhalten, bis hin zur Bereitstellung einer motivierenden Lernumgebung mit all ihren diversen Facetten. Da die Motivation durch Güter, wie evident ist, nicht nachhaltig im Stande ist, Motivation aufrecht zu erhalten, konzentriert sich die Forschung auf zwei Richtungen, wie die Förderung von Motivation zu erreichen ist.

Während die direkte Motivationsförderung auf die Veränderung der individuellen motivationalen Personenmerkmale abzielt, geht es bei den *indirekten* Motivationsförderungsmaßnahmen um die Modifizierung der Lernumgebung; und das auf solch eine Weise, dass der Lerner, simpel gesagt, zu möglichst vielen Zeitpunkten des Lernprozesses das Gefühl hat, über die Geschwindigkeit, die Richtung und die Schwierigkeiten eben dessen *Kontrolle* zu besitzen. Der Fokus liegt demnach auf der Gestaltung möglichst motivational günstiger Lernbedingungen- und Materialien, die genau dieses Empfinden beim Lerner hervorrufen. Selbstverständlich sind die diversesten Lernsituationen durch die unglaubliche Komplexität aller in sie einfließender Faktoren nie vollständig miteinander gleichsetzbar, jedoch entwickelten Keller und Kopp ein Modell, dass zumindest einen sehr guten Ansatz bietet, die Bedingungen von Lehr- und Lernsituationen in dieser Hinsicht möglichst motivational förderlich zu gestalten. Es handelt sich hierbei um das ARCS-Modell, welches durch seine vier Grundprinzipien Attention, Relevance, Confidence und

Satisfaction, sowie deren jeweilige Unterkategorien, implizite Handlungsanweisungen liefert, wie ein Lehrprozess prinzipiell aufzubauen ist, um dem Lernenden das oben beschriebene Gefühl völliger Kontrolle und Erfolgszuversicht zu liefern.

Die Bedeutung, sich mit indirekter Motivationsförderung zu beschäftigen ist keineswegs zu unterschätzen, denn diese Art von Motivationssteigerung ist keine punktuelle Anwendung, um Schüler nur bei einer gewissen Unterrichtsphase für den Unterrichtsgegenstand zu begeistern, sondern vielmehr ein allgemeines Prinzip, dessen Anspruch der Unterricht eines Lehrers *prinzipiell* gerecht werden sollte. Es geht dabei also auch implizit um das allgemeine Verständnis einer Lehrperson von seinem Lehrprozess, nämlich um ein solches, in denen Schülern eine gewisse Kompetenz zugesprochen wird, Unterricht für sich selbst bezüglich seines Anspruchsniveaus, seiner Geschwindigkeit und seiner Richtung zu kontrollieren bzw. zu differenzieren. Die Prinzipien der indirekten Motivationsförderung sind demnach ständige Kriterien für die Planung und Evaluation des eigenen Unterrichtes, denen dieser möglichst oft Genüge tun sollte.

Im Folgenden werde ich zur näheren Erläuterung dieses Konzepts zunächst auf die vier Faktoren des ARCS-Modells und deren Bedingungen bzw. Einschränkungen eingehen, um im weiteren Verlauf eine evaluierende Studie zu selbigem Modell vorzustellen, die dieses in einem für uns eher ungewohnten Lehrkontext anwendet. Das Ende der Arbeit bildet die Auswertung einer typischen Unterrichtsstunde eines Studenten eines frühen Semesters, der selbstredend zu diesem Zeitpunkt noch nicht über Kenntnisse zur indirekten Motivationsförderung durch die Anwendung des ARCS-Modells verfügte. Daran wird man erkennen, welche typischen Gefahren sich in den Zwängen und Gewohnheiten des Schulalltags verbergen, also auf welche Aspekte der Fokus neu gelegt werden sollte.

2. Theoretischer Hintergrund

Anders als zahlreiche psychologische Motivationsstudien, von denen eine Vielzahl grundlegende Erkenntnisse für das ARCS-Modell lieferte, konzentriert sich eben dieses Konstrukt auf die Integration diverser Studien zur motivationalen Förderung. Beispielsweise integriert dieses Modell zahlreiche Erkenntnisse, so auch diese Heckhausens, dessen Definition von Leistungsmotivation die *eigene* Bestimmung von

Maßstäben voraussetzt (Vgl. Heckhausen 1965, S. 604). Dass diese Selbstbestimmung in einigen Aspekten wiederzufinden ist, wird besonders bei der Komponente Confidence deutlich werden. Wie der Name bereits verrät, basiert dieses Modell auf vier Elementen, von denen wiederrum jedes für sich aus zahlreichen Teilerkenntnissen und daraus resultierenden Handlungsanweisungen besteht. Reigeluth hebt besonders die Multiperspektivität im Ansatz Kellers hervor; „revolutionary" (Reigeluth 1987, S. 290) ist das Wort, welches dieser für das ARCS-Modell findet. Keller und Kopp hingegen halten die darin ebenfalls enthaltenen *Handlungsanweisungen* für die wohl größte Abgrenzung zu anderen motivations-psychologischen Arbeiten. Durch die nicht bloße Fokussierung auf die Gewinnung empirischer Erkenntnisse aus der Forschung, gelingt es diesem Modell, sich mit den daraus ableitenden Strategien und Schlussfolgerungen zu beschäftigen, um dieses bisher nur implizite Wissen in explizites zu transferieren. Wie erwähnt, basiert dieses Modell von Keller/Kopp auf den Erkenntnissen anderer Experten. Sowohl Collins` „use of inquiry" (ebd. 1987, S. 290), als auch Gagne-Briggs` Erkenntnisse der Aufmerksamkeitsgewinnung und Zielpräsentation- bzw. Transparenz bilden beispielsweise gedankliche Grundlagen. Anders als mit diesen einzelnen, grundlegenden Konstrukten, ist es durch dieses Modell möglich, den Analysefokus auf die verschiedensten Aspekte von Unterricht zu legen. Die Anwendung dieses Modells ist jedoch nicht lediglich in dieser Hinsicht flexibel. Das Anlegen dieser „Schablone" dieses Modells verschafft dem Lehrenden zudem die Möglichkeit, seinen eigenen Unterricht nicht nur motivationsförderlich zu planen, sondern auch immer wieder zu reflektieren. Besonders günstig ist *dieses* Modell, da mit den vier Oberkategorien, den Namensgebern des Modells, treffende Buzz-Words gewählt wurden, um die damit implizit geforderten Ansprüche an Unterricht adäquat und simpel zu assoziieren. Der Ansatz *dieses* Modells ist es, die verschiedensten Erkenntnisse der Motivationsforschung in *ein* Konstrukt zu integrieren und dabei vielfältig anwendbare motivations-förderliche Maßnahmen für Unterricht in anlegbare Kriterien zu transferieren. In welcher Weise dies möglich ist, wird deutlich, wenn man sich einmal ausführlicher mit den vier Komponenten des ARCS-Modells auseinandersetzt.

3. Komponenten des Modells

3.1. A – Attention – Aufmerksamkeit:

Beim Versuch, Aufmerksamkeit bei den Lernenden zu erlangen, kann die Lehrperson auf die ganz unterschiedliche Ausgangssituationen bei den Schülern treffen. Aus diesem Grund differenziert Keller allein diesen Bereich in drei verschiedene Aspekte, die zu beachten sind: Nicht nur das vorhandene Vorwissen kann stark differieren, sondern auch die Interessenlagen und Perspektiven auf einen Problembereich. Was zunächst simpel erscheint, ist in der Realität eine Aufgabe, die höchstes Fingerspitzengefühl erfordert, denn bereits Interessierte dürfen nicht gelangweilt, weniger gut Informierte nicht verprellt und Desinteressierte müssen möglichst effektiv für den zu erarbeitenden Themenkomplex motiviert werden. Genau diese Stelle des Unterrichtsprozesses erkennt auch Reigeluth aufgrund der stets natürlich vorhandenen Unsicherheit über die Zuhörerschaft als besonders schwer zu meistern. Die diversen Versuche, Aufmerksamkeit zu erzeugen, werden sich immer mit der Gefahr konfrontiert sehen müssen, gegenläufige Effekte erzielen zu können (Vgl. ebd., S. 295f.). Bei all diesen höchst voraussetzungsreichen Unterrichtsprozessen ist es folglich also fast unnötig zu erwähnen, dass es höchst unwahrscheinlich ist, stets die Aufmerksamkeit der *gesamten* Lerngruppe zu gewinnen. Um jedoch eine möglichst große Zahl für den Unterrichtsgegenstand zu gewinnen, sieht Keller das Muster der Irritation als am förderlichsten für Motivation an; er nennt dies an dieser Stelle „Orientierungsverhalten provozieren (perceptual arousal)" (Niegemann 2001, S. 37). Der vorgeschlagene Weg, um dieses zu provozieren, sei „das Verwenden neuer, überraschender, widersprüchlicher oder ungewisser Ereignisse" (ebd., S. 37). Im Folgenden werden durch Keller auch konkretere Handlungsvorschläge für Unterricht bereitgestellt, unter denen unter anderem die Verwendung audiovisueller Effekte und das in den Raum Stellen provozierender oder widersprüchlicher Aussagen zu finden sind. Im selben Atemzug reflektiert dieser sich jedoch selbst dahingehend, dass beides in *Maßen* verwendet werden sollte: Sowohl bei der Dosierung der aufgestellten Provokationen, als auch beim Medieneinsatz sei eine Übertreibung nicht förderlich, da so der Fokus auf den zu vermittelnden Unterrichtsgegenstand verloren werden könnte (Vgl. ebd., S. 37f.).

Adäquat angewendet sei es demnach Ziel, Verhalten zu stimulieren, dass aus *eigenem* Interesse heraus auf die Suche nach Informationen ausgerichtet ist. Eine innere Fragestellung soll demnach in jedem Schüler akquiriert werden, die folglich ein für ihn bedeutsam zu lösendes Problem darstellt. Im Idealfall wird diese Fragestellung sogar von den Lernenden *selbst* in den Raum gestellt (Vgl. ebd., S 38). Das hier abzuleitende Ziel für den Lehrer ist es daher, besonders in der Einstiegsphase, aber natürlich auch ganz generell, einen passenden Stimulus zu finden, der die Schüler ganz automatisch auf einen für sie wichtig zu lösenden Widerspruch oder ein Problem hinführt. Um es ein wenig überspitzt zu formulieren: Die Schüler realisieren idealerweise keineswegs, dass die Hinführung zur Fragestellung durch den Lehrer erfolgte, sondern sehen diese als ganz individuellen Zwischenstand der Lerngruppe. Elementarer Bestandteil dieses Ziels von Unterricht ist, dass die Schüler an verschiedenen Punkten des Erarbeitungsprozesses einer Fragestellung immer wieder möglichst auf vielfältige Weise mit einbezogen werden. Um eine solche Handlungsanweisung auch für die verschiedenen Schulfächer anwendbar zu machen, ist es durchaus sinnvoll, es nicht auf das Wort „Problem" zu reduzieren, sondern auch, wenn man das Beispiel Mathematik betrachtet, schülernahe Aufgabenstellungen entwickeln zu lassen. Aspekt drei der *Attention* reduziert sich im Grundtenor eher auf multimediale Unterrichtskomponenten, sollte aber auch ganz allgemein als die Anweisung zur Prägnanz und Abwechslungsreichtum gedeutet werden.

3.2. R – Relevance – Relevanz:

Wenn Keller von einer Bedeutsamkeit des Lehrstoffs spricht, meint er damit zwei Perspektiven auf eben diesen: zum einen die Verwendbarkeit des *Stoffs an sich* für darauf aufbauende Aufgaben oder Leistungsüberprüfungen, zum anderen für den *Lehr-Lern-Prozess* (Vgl. ebd., S. 39). Wie bei jeder der Komponenten des ARCS-Modells, ist auch in diesem Fall eine Differenzierung in drei kleinere Aspekte vorgenommen worden. Die Lebenswelt der Lernenden sei hierbei ein zentraler Gesichtspunkt, denn Relevanz werde auch dadurch erzeugt, dass die Schüler sich auch in den Details des Erarbeitungsprozesses wiederfinden. Die für Motivation außerordentliche Förderlichkeit der Verwendung kohortentypischer Erfahrungen oder Werte ist mit Sicherheit für die meisten evident. Die Verwendung eines typischen Sprachstils oder das Einfügen sympathischer Figuren, die eine Art persönlichen Tutor im Rahmen eines eigentlich sehr theoretischen Lehrtextes darstellen können, ist hingegen sicherlich etwas, das sich nicht im Fokus vieler Lehrpersonen befindet (Vgl. ebd., S. 39).

Punkt zwei, die Lernzielorientierung, lässt sich ziemlich prägnant in der Form zusammenfassen, dass die Differenzierungsmöglichkeiten der Lernziele in all ihren Facetten und Bedeutungen deutlich gemacht werden sollten. Der dritte Aspekt korreliert selbstverständlich damit, wenn dieser von der „Anpassung von Motivationsprofilen" (ebd., S. 40) spricht. Auch hier taucht implizit wieder der in der Motivationspsychologie so universell bedeutsame Begriff der Differenzierung auf. Wie zu vermuten war, ist die Anwendung dieses Unterrichtsprinzips nicht lediglich für Interessen bedeutsam, sondern auch besonders in der Zieldefinition von Unterricht. Für den Lehrer bedeutet dies, seinen Unterricht immer auf die Bereitstellung verschiedener Möglichkeiten für sowohl leistungsstarke, als auch Schüler mit geringen Vorkenntnissen zu überprüfen. Relevanz würde zudem auch durch die Differenzierung der Lernstrategien erreicht, um den angesprochenen *relevanten* Lernprozess für jeden Schüler bedeutsam und motivierend zu gestalten (Vgl. ebd., S. 40). Gerade beim Stichwort Differenzierung ist zu betonen, dass die Beachtung all dieser Mikroaspekte bei stets unterschiedlichen Schülern höchst voraussetzungsreich ist und nie ein Patentrezept bilden kann, da nie eine Konfrontation mit einer sehr *geringen* Anzahl von Lern-Typen vorzufinden ist, sondern jeder Lerner über ganz eigene Interessen, Vorkenntnisse und Strategien verfügt.

3.3. C – Erfolgszuversicht – Confidence:

Ganz allgemein ist diese Komponente des Modells stark mit der eben erläuterten wichtigen Transparenz im Unterricht verknüpft. Obwohl sich die impliziten Überlegungen beider Bestandteile des Modells im Hinblick auf Transparenz durchaus überschneiden, erscheint es sinnvoll, den Blick auf Transparenz einmal aus der Perspektive der Erfolgszuversicht zu richten. Während bisher von einer Klarheit der Ziele gesprochen wurde, geht es hier zudem auch um die Kriterien der Bewertung (Vgl. ebd., S. 41). Transparenz von Zielen und Kriterien steht zwar im unmittelbaren Zusammenhang, kann aber nicht gleichgesetzt werden, denn auch klare definierte Lernziele könnten nicht transparent bewertet werden. Zudem besteht eine Verbindung zu einem anderen zentralen Gesichtspunkt der Relevanz, der Orientierung an den Lernvoraussetzungen der Schüler. Nicht nur diese genannte *Orientierung* an diesen ist von Nöten, sondern auch das explizite *Darstellen* dieser gegenüber den Schülern (Vgl. ebd., S. 41). Confidence erzeugen heißt an dieser Stelle, den Schülern auch das Selbstvertrauen zu geben, dass sie bereits über das notwendige Rüstzeug zur Aufgabenbewältigung verfügen. Auf diese Weise werden die Lerner nicht nur motiviert, sondern auch zusätzlich misserfolgsorientierten Herangehensweisen an neue Herausforderungen entgegengewirkt.

Punkt zwei knüpft verständlicherweise an diese Aufgaben- und Kriterien-Transparenz an, da er gewissermaßen ein Weiterdenken des Unterrichtsverlaufs impliziert. Klarheit zu Beginn ist wichtig, doch um eine durchgehend hohe Motivation aufrecht zu erhalten, ist auch von Bedeutung, Erfolgserlebnisse und richtige Zwischenergebnisse deutlich zu machen. Natürlich sorgt es für große Unsicherheit bei den Schülern, wenn lediglich das Endziel eines langen Arbeitsprozesses deutlich wird, aber unklar ist, in welchen erfassbaren Teilschritten vorangeschritten werden soll. Neben dieser Teilziel-Transparenz findet sich auch hier das wiederholt aufgetauchte große Stichwort der Differenzierung wieder. Teilziele können für den individuellen Einstieg und die Beendigung eines Lernprozesses, je nach Komplexität und Fähigkeiten, ein geeignetes Mittel sein, um Erfolge für die Lerner transparent zu machen. Eine zunehmende Komplexitätssteigerung bildet, und das ist evident, natürlich die beste Grundlage, um eine differenzierte Zielorientierung zu ermöglichen (Vgl. ebd., S. 42).

Um am besten nachvollziehen zu können, wie der dritte Aspekt der Erfolgszuversicht mit „Selbstkontrolle" (ebd., S. 42) zu verbinden ist, ist eine etymologische Herangehensweise durchaus sinnvoll. Die Übersetzungen „Vertrauen oder feste Überzeugung" von Confidence beschreiben wahrscheinlich am treffendsten die Bedeutung dessen. Im Idealfall sieht der Lerner sich nicht als „Getriebener" der Lehrperson, der deren Tempo und Relevanz-Setzungen folgt. Feste Überzeugung beinhaltet, dass der Lerner für diese Überzeugung auch über eine Kontrolle verfügt, eigenständig zu handeln. Die an dieser Stelle bei Keller formulierten Anweisungen beziehen sich hier wirklich sehr speziell, teilweise sogar ausschließlich, auf multimediale Lernumgebungen. Sie sind zwar als generelle Anregungen für alltäglichen Unterricht transferierbar, jedoch ist deren Umsetzung höchst voraussetzungsreich, da diese, abgeleitet von der gewünschten Selbstkontrolle, beispielsweise ein „Zurückblättern" (ebd., S. 42) fordern. Im Unterrichtsprozess selber stellt es sich jedoch als äußerst schwierig dar, stets eine solche Möglichkeit anzubieten, da die Zeit für grundlegende Fragen an den Lehrer meist nur begrenzt vorhanden ist, bzw. die stete Bereitstellung von grundlegenden Informationen einen mehr als erheblichen Mehraufwand für die Lehrperson bedeutet. Wie vielschichtig das ARCS-Modell ist und aus wie vielen Themenbereichen der Psychologie es Erkenntnisse einbezieht, wird auch durch die Erwähnung von Attributionsstilen deutlich (Vgl. ebd., S. 43). Zum zu betonenden Muster der Selbstkontrolle des Schülers zählt auch die internale Attribution von Lernergebnissen. Selbstverständlich ist es ein Trugschluss, die Reduzierung von Ergebnissen auf Glück und Pech, die externale Attribution, sei förderlich für Motivation, denn derartige Ergebnisse sind für den Lerner nicht kontrollierbar. Wird Erfolg und Misserfolg auf *diese Weise* internal attribuiert, entsteht beim Schüler das Gefühl, die Kontrolle zu besitzen. Zum einen motiviert dies, zum anderen verhindert es aber auch die Konstruktion von Argumentationsmustern, nach denen das Aufbringen von Anstrengung angesichts des schwer zu meisternden Faches, unfairen Lehrers oder anderer äußerer Umstände vollkommen ad absurdum geführt wird.

3.4. S – Zufriedenheit, Befriedigung – Satisfaction:

Die Lektüre dieser Modell-Komponente erinnert sofort an das Erweiterte Kognitive Motivationsmodell von Heckhausen, dessen Erkenntnisse an dieser Stelle scheinbar einfließen. Die für die Lernenden relevanten Folgen des Lernergebnisses können in diesem Fall äußerst vielfältig sein. Angefangen von den im Folgenden immer komplexer werdenden und auf Vorwissen aufbauenden Aufgabenstellungen oder praktischen Anwendungen, geht die Reichweite der möglichen Folgen bis hin zu Belohnungen in Form von Lob, Noten oder anderer „Güter". Keller betont in diesem Atemzug aber auch die Notwendige Adäquatheit der Folge, also der Belohnung. Weder dürfe das Beherrschen von Basiswissen- oder Fähigkeiten zu stark belohnt oder gelobt werden, noch die Anforderungen für eine motivierende Belohnung zu hoch gesteckt sein (Vgl. ebd., S. 43f.) Die hier vorgeschlagene eigene Definition der für eine Belohnung erforderlichen Lernergebnisse durch die Schüler hingegen ist in vielen Fällen doch nur schwer umsetzbar, aber ohne Frage förderlich, wenn die individuelle Situation dies zulässt. Abschließend zu dieser Komponente ist zu erwähnen, dass sich auch hier wieder der Grundsatz der Transparenz bzw. der Wiederspiegelung der Ziele in den Lernaufgaben wiederfindet. Ziele, Material, Aufgaben und Bewertung müssen schlüssig aufeinander *abgestimmt* und reflektiert werden.

In einem Paper aus dem Jahr 2000 erwähnt Keller zudem einen anderen Aspekt, der ebenfalls dem Prinzip der Erreichung von Zufriedenheit zuzuordnen ist: „Fair Treatment (Equity)" (Keller 2000, S. 4). Dieses Prinzip, dass wahrscheinlich am treffendsten mit „Fairness" übersetzt werden kann, verfügt nicht nur über eine Reichweite, die sich auf die Bereitstellung von Lehrmaterialien bezieht, sondern vielmehr geht es hier auch um den generellen Habitus einer Lehrperson, durch den die Schüler ein Gefühl der Gleichberechtigung und damit Zufriedenheit erleben.

3.5. Die Komponenten des ARCS – Modells im Überblick

A – Attention – Aufmerksamkeit

- Provokation/Irritation
- neue, widersprüchliche, überraschende, ungewisse Ereignisse
- Erzeugung eigener Fragestellungen der Schüler
- Multiperspektivität auf den Themenkomplex
- vielfältiger Medieneinsatz

Alles in einem gesunden Maß!

R – Relevance – Relevanz

- Anknüpfung an die Lebenswelt der Schüler (Erfahrungen, Werte, Themen)
- Differenzierung der Lernziele
- individuell relevanter Lernprozess, je nach Motivationsprofil

C – Erfolgszuversicht – Confidence

- (Teil)Ziel- und Kriterientransparenz
- Lernvoraussetzungen- und Erfolge deutlich machen
- kontinuierliche Komplexitätssteigerung
- Gefühl der Selbstkontrolle beim Lerner

hervorrufen -> Internale Attribution von Erfolgen

S – Zufriedenheit, Befriedigung - Satisfaction

- adäquate und relevante Folgen/Nützlichkeit sicherstellen (komplexere, aufbauende Aufgaben; Lob; Noten; materielle Anreize)
- Passung von Aufgaben und Zielen

Eigene Abbildung beruhend auf Keller/Kopp, in: Niegemann.

Siehe Kapitel 3.

12

4. Empirischer Erkenntnisstand:

4.1. Zusammenfassung der Forschungslage

Jan Visser und John M. Keller veröffentlichten ihre Studie *The clinical use of motivational messages: an inquiry into the validity of the ARCS model of motivational design* im Jahr 1990. Diese beschäftigt sich mit der Evaluation des von Keller/Kopp entwickelten ARCS-Modells. Im Vorlauf der eigenen Studie beschreiben sie die theoretische Grundlage ihres Denk- und Forschungsprozesses:

Die Konzentration auf Lerngebiete und kognitive Fähigkeiten, namentlich werden hier Andrews und Goodson 1980 genannt, kritisieren beide in aller Deutlichkeit. Der Fokus sei bis zur Veröffentlichung des ARCS-Modells ein falscher gewesen. Aufgrund des bis dahin nur mangelhaften Forschungsstandes bemerkt Keller die daher fehlenden Fähigkeiten vieler Lehrender, Unterricht motivationspsychologisch förderlich zu planen und zu reflektieren. Besonders Keller als Kopf hinter diesem Modell sieht sich durch die in der Folge erschienenen Beiträge Reigeluths, Martins und Driscolls bestätigt. Er zitiert zudem Briggs, der die Wirkung motivationaler Effekte nochmals stark hervorhebt. Außerdem heben beide die Erkenntnisse Mager's (Mager/McCann; Mager/Clark) hervor, deren Schlussfolgerung die herausragende Stellung der Zieldefinition und Transparenz noch über der eigentlichen Instruktion betont (Vgl. Keller/Visser 1990, S. 467f.). Keller integriert mit dem ARCS-Modell, wie er beschreibt, zwei verschiedene Ansätze, um Motivation zu betrachten. Zum einen gibt er McClelland/Steele (1972) und McCombs (1983) in ihrer Konzeption recht, Motivation sei eine zu erreichende *Ausgangslage*, um Lerner an einen Themenkomplex heranzuführen. Zum anderen entwickelten jedoch Keller und andere, wie Wlodkowski (1981/1985), einen sich davon unterscheidenden Ansatz und zwar dahingehend, Motivation als etwas *permanent Vorhandenes*, aber daher auch von Phase zu Phase Differierendes zu betrachten. Keller/Visser betonen aber, dass beide Ansätze ihre Vorteile besitzen. Obwohl Wlodkowski über ein ähnliches Konzept von Motivation verfügt, ist Keller dessen Ansatz der festgelegten Sequenz förderlicher Faktoren noch nicht weit gedacht genug. Damit ist gemeint, dass Keller die Schwankung von vorhandener Motivation oder nicht in solch einer Art und Weise differenziert betrachtet, dass seine entwickelten Grundsätze keineswegs einer bestimmten *Reihenfolge* unterworfen sind, sondern vielmehr universell anwendbare *Kriterien* darstellen (Vgl. ebd., S. 469ff.)

4.2. Vorstellung einer zentralen Untersuchung

Aber auch Theorien wie diese, die auch ohne Prüfung wissenschaftlich fundiert und schlüssig scheinen, sind immer in der Pflicht, sich in der praktischen Evaluation, in der empirischen Betrachtung am Gegenstand selbst, an den Lernenden, zu beweisen. Um dieses Modell zu evaluieren, entschieden sich Keller/Visser nicht für eine deutsche Schulklasse, sondern untersuchten dessen Wirkung an der Personalweiterbildung 15 Erwachsener innerhalb des Bildungsministeriums von Mosambik. Die Auswahl ausgerechnet dieser Probanden begründen sie mit der gewünschten Unvoreingenommenheit der Lernenden. Das R D – Institut bildet in diesem Land mit einer außerordentlich schlechten Bildungsstruktur und lange mangelhafter Lehrerbildung die Lehrenden auf eine neue Art und Weise aus und unterstützte bei dieser Studie. Bei den Probanden handelt es sich um Beamte des Ministeriums, die an der Lehrplan- und allgemeinen Lehrmaterialentwicklung des Landes maßgeblich beteiligt sind. Ausgenommen von vier Teilnehmern würden alle anderen die erwarteten Effekte dieser Weiterbildung eher nicht als positiv bezeichnen.

Der Ablauf der Studie war in der Form aufgebaut, dass die dreistündigen Sitzungen im 2-Wochen-Turnus über zehn Sitzungen hinweg stattfanden und durch eine Einführungsstunde im Vorfeld vorbereitet wurden. Parallel zu diesem teils lektüregeleiteten, teils durch Workshop-Phasen geprägten Weiterbildungskurs bestand für die Teilnehmer die Möglichkeit, persönlich Kontakt zu einer Art Vermittler herzustellen. Darüber hinaus wurden zunächst die äußerst umfassenden Anforderungen an die Kursteilnehmer deutlich gemacht. Eingehende Lektüre, teils in Englisch und Spanisch, sowie deren Kontrolle, Präsentationen, Zwischentests, Projektentwürfe und Evaluationen finden sich beispielsweise allesamt in dieser Liste wieder. Bald stellte sich heraus, dass die ursprünglich kalkulierten zehn Stunden Mindestaufwand pro Woche deutlich zu konservativ gerechnet waren und die Mehrheit der Teilnehmer ungefähr das Doppelte dieser Zeit aufbringen musste, um die geforderten Anforderungen zu erfüllen. Im Folgenden führen Keller/Visser die signifikantesten motivationalen Bedingungen auf. Zusammenfassend kann man sagen, dass die Mehrzahl der Teilnehmer unfreiwillig anwesend war, dazu tendierte mit der eigenen Meinung zurückzuhalten und die Gleichheit sonst Untergebener

14

negativ zu bewerten. Die Erfolgszuversicht des anstehenden Trainings brachten viele mit den letzten dieser Art in Verbindung, zudem betrachteten sie die Lehrmaterialien tendenziell als inadäquat und erachteten, abgesehen von all diesen Faktoren, auch im privaten Bereich zahlreiche andere Angelegenheiten als bedeutsamer.. Insgesamt kann man daher von schlechten motivationalen Bedingungen sprechen, die vorgefunden wurden. All diese aufgeführten Beschreibungen der Ausgangslage sollten vielmehr als ungefähre, tendenzielle Beschreibung der Bedingungen gesehen werden und weniger als erschöpfende Darstellung (Vgl. ebd., S. 475f.). Die Forschungsfrage Kellers/Vissers ist daher bei dieser Studie zu evaluieren, wie die beschriebenen negativen Lernbedingungen entsprechend positiv modifiziert werden können und welche Strategien sich auf dem Weg dieser Entwicklung als am effektivsten und anwendbarsten herausstellen. Durch die graduelle Änderung der Ergebnisse ist es das Ziel, die Tendenz der Veränderung als Beweis für die Förderlichkeit oder Ineffektivität von diversen Maßnahmen zu identifizieren. Als Variablen werden hier beispielsweise die zur Verfügung gestellte Zeit, sowie das Material zur Aufgabenbewältigung genannt. Bezüglich ihrer Motivation wird die Gruppe als Gesamtheit sowohl aus der Makro-, der Einzelne jedoch auch individuell aus der Mikroperspektive betrachtet. Grundlage für die in der Folge stattgefundenen Änderungen diverser Merkmale des Lehrprozesses bilden die aus dem ARCS-Modell abgeleiteten Handlungsanweisungen.

Um die Wirkung derer zu evaluieren, wurden die Teilnehmer jede Woche für die jeweils vergangene gebeten, je in der richtigen Reihenfolge, die drei demotivierendsten und motivierendsten Faktoren auf anonymen Fragebögen zu notieren. Zudem wurden sie aufgefordert, unmittelbar mögliche Verbesserungen ihrer Lage mitzuteilen. Die Antworten werden in das bestehende Raster des ARCS-Modells geordnet und somit auswertbar gemacht. Die motivierenden Faktoren werden in der Folge so subtil und auf so natürliche Weise wie möglich in den Unterrichtsprozess eingebaut. Am Ende des Kurses steht eine Evaluation, in der manche Bögen ausgewertet und verschiedene Elemente des Unterrichts, wie der Vermittler, bewertet werden. An dieser Stelle ist zu bemerken, dass nicht ausschließlich die Äußerungen der Teilnehmer, sondern auch eigene Beobachtungen in die Bewertung einfließen.

Die Auswertung ergab, dass die durchschnittliche Zufriedenheit am Ende des Kurses 75 von möglichen 100 Punkten betrug und ein Ausschlag von 64-92 zu verzeichnen war. Zudem nahmen die Teilnehmer große zusätzliche Lasten, beispielsweise zusätzliche Arbeiten am Wochenende, auf sich, um die geforderten Ansprüche zu erfüllen. Ausgewählte Kritiken bezüglich der motivierenden Maßnahmen waren: „They provide constant motivation. [...] Their distribution is systematic. [...] They are opportune. [...] They always arrive at exactly the right moment. [...] They are both informative and motivational" (Ebd., S. 493). Besonders motivierend, und das ist an dieser Stelle höchst interessant, ist das Faktum, dass die Möglichkeit, anonyme Rückmeldungen zu liefern, den motivational stärksten Effekt aller Maßnahmen während des Programms hervorrief (Vgl. ebd., S. 492). Ein dem Kurs vorausgegangener Vertrag bestätigt den Aspekt der eigenen Kontrolle. In diesem unterzeichneten die Teilnehmer, dass sie den Kurs erfolgreich bewältigen würden. Zudem versicherte der Leiter ihnen darin seine Unterstützung in verschiedenen Dingen. In Kommentaren zu dieser Besonderheit des Kurses ist zu lesen, dass dieser Vertrag, der eher den Charakter einer Abmachung besitzt, zu einer außergewöhnlich starken Präsenz der Teilnehmer führte, wenn man andere Kurse als Referenz betrachtet. Nicht der Vertrag als solches, sondern die *bewusste Entscheidung,* diesen zu unterzeichnen, sei einer der treibenden Faktoren gewesen (Vgl. ebd., S. 496f.).

Keller/Visser müssen ihre Ergebnisse, und das ist typisch für diese Art von Studie, dahingehend relativieren, dass selbstredend nie eindeutig bewiesen werden kann, welcher Faktor trennscharf zu einem anderen eine *besonders* motivierende Wirkung hatte. Besonders die motivierenden Botschaften innerhalb des Unterrichts, die eigentlich bewusst subtil eingestreut worden waren, sind zudem oft für die Teilnehmer als solche identifizierbar (Vgl. ebd., S. 495). Jedoch habe diese Art den Vorteil, dass sie über eine externe Validität verfügt, diese Ergebnisse auch auf andere Lerngruppen zu beziehen und anzuwenden. Darüber hinaus sei durch diese Studie bewiesen worden, dass die vom ARCS-Modell inspirierten motivierenden „Botschaften", wie Keller/Visser sie nennen, ihre Effektivität nicht schuldig geblieben wären. Dennoch sei zu bemerken, dass dieses Modell nicht ohne Weiteres unmodifiziert in jedem Teil der Erde anwendbar sei. In Mosambik sei beispielsweise die Betonung der sozialen Interaktion besonders bedeutend gewesen, wohingegen im westlichen Kulturkreis besonders die Bedeutung von individuellem Interesse hervorgehoben werden müsse. Keller/Visser gestehen in diesem Atemzug ein, dass das Modell auch dahingehend weiterentwickelt werden muss, dass *neue* Unterkategorien entstehen. Diese müssen beschreiben, wie sich Interaktion, also der Stand des Einzelnen im sozialen Lerngefüge, auf Motivation auswirkt. Auch den Einbau völlig unterschiedlicher Medienformate gelte es noch besser zu untersuchen. Interessant sei auch der Aspekt, dass all die geforderten Kompetenzen des Lehrers im ARCS-Modell in anderen Kulturkreisen weniger bedeutsam sind als vielmehr die soziale Beziehung dessen zu seinen Schülern. Viel bedeutender ist hier die fast freundschaftliche Tutor-Rolle des Lehrenden, der sich bestenfalls sogar in einem ähnlichen Alter wie die Lerner befindet und nicht in allen Belangen über höhere Kompetenzen als diese verfügen muss. Keller/Visser fassen die Bedeutung des ARCS-Modells auf diese Weise zusammen, dass die wohl größte Leistung dessen sei, die *Beschränkungen* der Lehrpersonen im Bezug auf motivierenden Unterricht zu minimieren. (Vgl. ebd. S.497ff.)

5. Evaluation einer Lehr-Lernsituation mit dem ARCS-Modell

Wie im Vorlauf beschrieben, sind die im ARCS-Modell enthaltenen Komponenten nicht ausschließlich Maßstäbe für die *Planung* von Unterricht, sondern auch Güterkriterien, um die Qualität dessen hinsichtlich seiner Motivationsförderung zu *evaluieren*. Im Folgenden wird anhand der Unterrichtsstunde „Die Neuordnung Europas durch den Wiener Kongress von 1814/15" (Verlaufsprotokoll siehe Anhang) demonstriert werden, auf welche Art und Weise eine Evaluation beispielhaft stattfinden kann und inwiefern eine in *dieser Hinsicht* unreflektiert geplante Unterrichtsstunde nicht genutztes Potenzial hinsichtlich motivationsförderlicher Maßnahmen aufweist. Da lediglich ein Verlaufsprotokoll der zu untersuchenden Stunde vorliegt, besitzt diese Evaluation keinen Anspruch ein umfassendes Urteil zu liefern, sondern verfolgt vielmehr das eben beschriebene Ziel des Aufzeigens typischer Schwächen gewöhnlicher Unterrichtsstunden.

5.1. Attention

Das Zerschlagen eines Tellers – alles andere als alltäglich, selbst wenn man noch so innovative Einstiegsmethoden als Referenz dazu betrachtet. Man kann sogar davon sprechen, dass es sich hier um ein Beispiel handelt, das als mustergültig für die Erreichung von Attention nach dem ARCS-Modell angesehen werden darf. Die Schüler werden überrascht, irritiert und das Ergebnis, die Zersplitterung der ehemaligen Einheit, direkt für den weiteren Unterrichtsprozess und die darin enthaltenen Fragestellungen aufgegriffen. Folge ist, dass die Schüler aufgrund dieses überraschenden Einstieges und der äußerst plastisch dargestellten Problemlage durchaus motiviert für den weiteren Unterrichtsverlauf sein sollten, in der Irritation lebend, wie ein solch irreparabel erscheinendes Gebilde restauriert werden solle. Auf dem Weg zur Beantwortung dieser Fragestellung ist der Unterrichtsprozess jedoch stark vom Lehrer gesteuert, dessen Überleitungen keinesfalls irritierend sind, sondern den Fokus der Schüler lediglich auf einen anderen Aspekt lenken.

5.2. Relevance

Der Einstieg in das Thema mit dem Zerbrechen des Tellers knüpft ohne Frage an die Lebenswelt der Schüler an und macht das in Europa entstandene Problem, in genau diese transferiert, auch plastisch. Auch die Sprache ist, wenn man den beispielhaften Lehrerzitaten folgt, nicht als jugendfremd zu bezeichnen. Jedoch basieren die sequenziell folgenden Unterrichtsschritte zwar aufeinander, doch wird zu selten durch die Lehrperson darauf aufmerksam gemacht, welche Teilerkenntnisse für die spätere Behandlung des Themas oder eine Leistungsüberprüfung besonders relevant sein werden. Bezüglich eines für möglichst viele Schüler relevanten Lernprozesses lässt sich lediglich ein zwiespältiges Urteil fällen.

Unbestritten ist die Lehrperson bemüht, das Thema medial vielfältig aufzubereiten. Die Lernenden werden im Verlauf der Stunde in ein Unterrichtsgespräch verwickelt, sehen ein Tafelbild und eine Karte und erkennen die Zersplitterung Europas anhand eines vor ihren Augen zersprungenen Tellers. Bezüglich des Modells, das in dieser Frage zugegebenermaßen äußerst anspruchsvoll ist, liegen hier dennoch nicht genutzte Potenziale hinsichtlich der Wahlmöglichkeit der Schüler. Die unterschiedliche Aufbereitung der Lernumgebung ist, wenn man diese Kriterien anlegt, noch zu stark durch den Lehrer gesteuert und bietet dem

Schüler während den diversen „Mikro-Themenkomplexen" keine umfassenden Wahlmöglichkeiten bezüglich der eigenen Lernstrategie. Da diese Differenzierungsmöglichkeiten, auch hinsichtlich leistungsstärkerer Lerner, nicht existieren, können diese demnach auch durch die Lehrperson in all ihren Facetten nicht deutlich gemacht werden.

5.3. Confidence

In diesem Fall versäumt es die Lehrperson, ihre eigentlich gute Ausgangsposition mit dem beschrieben Einstieg motivational noch effektiver zu nutzen, da sie nicht für Transparenz sorgt; weder was das Ziel der Stunde betrifft, noch bezüglich der Strategien zur Teilzielerreichung. Zudem erkennt man hier einen „Fehler", der in der Praxis sehr häufig zu beobachten ist. Die Lehrperson aktiviert zwar das Wissen der Schüler in einem Unterrichtsgespräch, wie im Beispiel, verdeutlicht jedoch nicht ausreichend die damit geschaffene Grundlage, die den Schülern mit diesem Wissen die Möglichkeit gibt, die in der Folge anstehenden Aufgaben erfolgreich zu meistern. Wie erwähnt, werden die Teilziele zu Beginn nicht deutlich gemacht, doch auch im weiteren Verlauf der Stunde betont die Lehrperson nicht die Erreichung von Zwischenetappen auf dem Weg zum letztendlichen Stundenziel; sie gibt lediglich stets den nächsten zu betrachtenden Teilaspekt bekannt. Von einer kontinuierlichen Komplexitätssteigerung dabei kann an dieser Stelle auch nur schwerlich gesprochen werden, da Aufgabenbereich 3, der eine Bewertung oder. eine kritische bzw. reflektierte Auseinandersetzung des Schülers mit dem Themenkomplex vorsieht, nicht im Unterrichtsprozess enthalten ist. Am ehesten könnte man davon noch am Ende der Stunde sprechen, wenn die ganze Komplexität der Neuordnung Europas noch einmal am unmöglichen Zusammensetzen des Tellers anschaulich wird. Jedoch ist diese gesamtbetrachtende Erkenntnis der Schüler nur implizit enthalten und muss in der Unterrichtsstunde nicht verbalisiert werden.

Deutliche Schwächen weist die Stunde zudem hinsichtlich der Selbstkontrolle der Schüler auf. Der Unterrichtsprozess ist stark vom Lehrer gesteuert und lässt den Schülern nur wenig Raum für die Entfaltung eigenen Interesses. Die Lehrperson, aber damit unterliegt sie nun einmal gewissen Zwängen von Unterricht, strukturiert dieen auf solch eine Weise, dass die Schüler über ihre eigene Lernstrategie- oder Tempo nicht entscheiden können. Lernerfolge werden deshalb hier weniger internal attribuiert.

5.4. Satisfaction

Wahrscheinlich ist diese Komponente des Modells nur geringfügig als Kriterium an diese Unterrichtsstunde anlegbar, denn es erfolgt keine unmittelbare, messbare Leistungsüberprüfung. Auch die Erkenntnis über den vergeblichen Versuch, den zerbrochenen Teller wieder zusammenzufügen, ist nur schwerlich als Befriedigung für die Schüler zu bezeichnen. Mit Sicherheit ist es in der Planung einer solchen gewöhnlichen Stunde, ohne Leistungsüberprüfung, nur schwer möglich, eigene Kontrollen für die Schüler einzubauen, um ihnen ihren Lernfortschritt deutlich zu machen. Die Stärke dieses Modells hinsichtlich dieses Kriteriums ist es wahrscheinlich, dass nicht erschöpfte Potenziale zumindest punktuell ausgereizt werden können, wenn die Möglichkeit dazu besteht. Jedoch sind derartige Potenziale, gerade im Mathematikunterricht, leicht zu erahnen.

6. Schlussbetrachtung

Betrachtet man die Studie, wird deutlich, dass das ARCS-Modell ohne Frage ein geeignetes Konstrukt darstellt, um Unterrichtsprozesse- bzw. Umgebungen motivationsförderlich zu gestalten. Dies bewies Kellers/Vissers Studie zur Evaluation dessen, indem sie eine, aus motivationspsychologischer Sicht, ursprünglich schlechte Ausgangslage der Lerner kontinuierlich verbesserte. Dass die im ACRS-Modell formulierten Handlungsanweisungen tendenziell äußerst positive Effekte auf die Motivation der Lerner nach sich ziehen, würde durch die schrittweise Veränderung der Stimulatoren und die permanente Evaluation bzw. Messung der Probandenmotivation deutlich. Als besonders förderlich ist die kommunizierte Transparenz innerhalb der Studie zu betonen. Dass die Lerner sich darüber bewusst waren, welche Anforderungen auf sie warten, trug zur aktiven Teilnahme und der freiwilligen Aufnahme zusätzlicher Lasten bei. Zudem ist die Wirkung der

Evaluationsbögen zu betonen, die dem geforderten Prinzip der eigenen Kontrolle, Fairness und Selbstbestimmung gerecht werden. Daher ist aus diesen Erkenntnissen der Studie, aber auch aus der Praxis, zu lernen, dass gerade Dinge wie Transparenz und Orientierung an den Interessen, Zielsetzungen und Anregungen der Unterrichteten besonders förderlich für Motivation sind, oftmals jedoch aber in ihrer Bedeutung verkannt werden. Eine andere Studie zeigt zudem, dass 2/3 der innerhalb dieser damit konfrontierten Lehrpersonen die Anwendung der darin enthaltenen Prinzipien motivational als äußerst förderlich für ihre Schüler ansahen (Vgl. Keller 2000, S.9).

Wie erwähnt, besitzen derartige Evaluationen jedoch stets unterschiedlich große Lücken hinsichtlich der beweisenden Argumentationskette zwischen Indikatoren und den daraus abgeleiteten Schlussfolgerungen. So kann beispielsweise nie mit absoluter Sicherheit und einhundert-prozentiger Validität gemessen werden, welche Änderung der Stimulation auf die Lerner welchen genauen motivationalen Fortschritt erzielen konnte oder ob nicht vielmehr andere Faktoren zeitversetzt mit dem nun neuen Stimulus korrelieren.

Während dies die eher die methodischen begründeten Grenzen der Evaluation aufzeigen sollte, gibt es darüber hinaus natürlich zudem theoretisch begründete Schwierigkeiten bei der Evaluation des Modells. Diese resultieren aus einer inhaltlichen Korrelation zum einen der vier Komponenten grundsätzlich, zum anderen aus den darin speziell enthaltenen Handlungsanweisungen ganz speziell. Die dabei immer wieder auftauchenden Notwendigkeiten der Transparenz und Differenzierungsmöglichkeiten machen sehr gut deutlich, warum dieses Modell derartig komplex und diffizil zu evaluieren ist. Transparenz ist ein solch allgemeines Prinzip, dass es sich auf die verschiedensten Handlungsweisen bezieht; angefangen von den Unterrichtszielen, den Methoden, bis hin zur Kommunikation von Anforderungen und Bewertung anhand im Voraus definierter Kriterien.

In der Anwendung trifft die Lehrperson selbstredend stets auf unterschiedliche Bedingungen, was sowohl die allgemeine Situation, aber auch die individuellen Voraussetzungen der Unterrichteten betrifft. Auf welchem Weg Attention bestmöglich zu erzeugen ist, ist immer abhängig von der Lerngruppe. Irritation wird zwar meist zunächst einmal für Interesse sorgen, doch der Weg in der Praxis ist lediglich anhand dieser Vorgabe nicht planbar, denn nie ist vorab klar, welcher Stimulus genau die Lerngruppe in ausreichender Form eine innere Fragestellung entwickeln lässt. Die Interessenlagen einer jeden Klasse müssen demnach bestmöglich studiert, möglichweise auch subtil im Voraus, erfragt werden. Verbunden mit diesem Studieren der Lerngruppe ist zudem die Erforschung von der subjektiv als wichtig empfundenen Themen und deren entsprechenden Kenntnissen über diese. Außerdem ist die Voraussetzung für eine adäquate Anwendung des ARCS-Modells die Evaluation der effektivsten Lernstrategien und individueller Unterschiede auf diesem Weg der Erarbeitung, auch hinsichtlich der individuellen Effizienz. Grundlage, um den Lernern ein Gefühl der Confidence zu geben ist die so oft zitierte Transparenz der Ziele, aber auch der bei den Lernern vorhanden Kenntnisse. Zusammenfassend lässt sich sagen, die Basis des Erreichens dessen ein prinzipieller Vertrauensvorschuss des Lehrers gegenüber seinen Schülern ist. Zwar ist es oftmals ein zirkulärer Prozess, aber nur das vorab vorhandene Vertrauen in die Lerner, diese Relevanzen, Lernwege und Ziele richtig wählen, kann zu einem Vertrauen auch bei den Schülern führen. Fundament für die Erreichung von Befriedigung bei lernenden Personen ist zudem die Teilzieltransparenz. Der Lehrer muss sich dieser Etappenziele im Vorfeld klar sein und diese öffentlich auch als solche Kommunizieren, damit nicht erst bei der auch zwingend notwendigen transparenten Verkündung der Teilzielerreichung deutlich wird, wobei es sich um Ziele des Unterrichts handelt.

Mit diesen allgemeinen Grundlagen eines guten Unterrichts endet diese Arbeit und fasst das Ziel der Entwickler dieses Modells auch in treffender Weise zusammen. Eines der vordergründigsten Ziele dessen war es, unnötige Fehler in der Praxis abstellen zu können, die in sehr häufiger Weise beobachtet werden können. Wie auch die Evaluation zeigt, wird der Blick bei der Planung und Evaluation von Unterricht aus der Perspektive dieses Modells wahrscheinlich immer nicht genutzte Potenziale aufdecken können, an welchen Stellen Mängel hinsichtlich etwas Transparenz, Differenzierung und Selbstbestimmung bestehen.

7. Quellen

Heckhausen, Heinz: Leistungsmotivation, in: Thornae, H. (Hrsg.): Handbuch der Psychologie, Hogrefe, Göttingen 1965, S. 602-702.

Heckhausen, Heinz: Förderung der Lernmotivation und der intellektuellen Tüchtigkeiten, in: H. Roth (Hrsg.), Begabung und Lernen. Deutscher Bildungsrat, Gutachten und Studien der Bildungskommission, 9. Edition, Band 4, Stuttgart 1974, S. 193-228.

Keller, John M.: How to integrate learner motivation planning into lesson planning: The ARCS model approach, in: Semanario, 7, Santiago 2000.

Keller, John M./ Visser Jan: The clinical use of motivational messages: an inquiry into thevalidity of the ARCS model of motivational design, in: Instructional Science, 19, Kluwer Academic Publishers, Dordrecht 1990, S. 467-500.

Niegemann, Helmut M.: Neue Lernmedien konzipieren, entwickeln, einsetzen, 1. Auflage, Verlag Hans Huber, Bern/ Göttingen/ Toronto/ Seattle 2001.

Reigeluth, Charles M.: Instructional theories in action. Lessons Illustrating Selected Theories and Models, Lawrence Erlbaum Associates, New Jersey 1987.

Anhang: Das ARCS-Modell am Beispiel einer gehaltenen Unterrichtsstunde - ein Verlaufsprotokoll

- Unterrichtsstunde (45 Minuten) im LK Geschichte 11, Thema: „Die Neuordnung Europas durch den Wiener Kongress von 1814/15"

Zeit	Sozialform	Lehreraktivität	Schüleraktivität	Medien/Hilfsmittel
11.20-11.30	Unterrichts-gespräch	L. begrüßt die Schüler „Guten Tag. Heute beginnen wir den Unterricht einmal etwas anders. Hierfür benötige ich einen *schlagkräftigen* Schüler."	S. erwidern die Begrüßung.	Vorbereiteter Teller mit der Aufschrift „EUROPA" in einem Schuhkarton; Hammer
		L. bittet alle S. nach vorn, sodass diese sich um den vorbereiteten Tisch versammeln.	Ein Schüler meldet sich und ist gespannt auf die anstehende Aufgabe. „Was erwartet mich dabei? Muss ich dafür gelernt haben?"	
		L. offenbart dem S. die Aufgabe und überreicht ihm die die: „Handle so, wie einst Napoleon zu Beginn des 19. Jahrhunderts regierte."		
		L. positioniert den Scherbenhaufen im Schuhkarton in der Mitte des Zimmers und bittet die S., ihre Plätze wieder einzunehmen.	S. zweifelt, ob er wirklich den Teller zerschlagen soll und traut sich letztlich doch, ihn zu zerschlagen.	
		L. sagt: „Ihr seht, wie es im Europa des beginnenden 19. Jahrhunderts infolge Napoleons aussah. Lasst uns noch einmal kurz die wichtigen Fakten für seinen Untergang rekapitulieren."	S. nehmen verwundert ihre Plätze ein.	
		L.: „Richtig. Du meinst damit die Allianzverträge von Teplitz aus dem Jahr 1813, durch diese sich Preußen, Russland, Österreich und Schweden gegen Napoleon verbündeten. Was hatte dies zur Konsequenz?"	S1: „Napoleon verlor viele Verbündete, wie etwa Preußen."	
		L.: „Sehr schön. Was gab es denn noch?"	S2: „Genau. Da gab es doch so ein Bündnis aller Staaten gegen Napoleon."	
			S2: „Ja. Damit stand Napoleon doch quasi allein gegen das restliche Europa und konnte somit im Krieg nicht gewinnen."	

S3: „Napoleon verlor 1813 die Völkerschlacht bei Leipzig. Er war geschlagen und musste abdanken. Danach ergriff er nochmal kurz die Macht, etwa für 100 Tage. Zum Schluss wurde er bei Waterloo 1815 endgültig geschlagen und wurde verbannt."

L.: „Genau. Ihr seht, dass dieser Napoleon die Ordnung Europas ganz schön durcheinander gebracht hat. Zum Schluss wurde er von den vereinten Mächten geschlagen. Allerdings hinterließ er einen riesigen Scherbenhaufen, so ähnlich wie unserer hier. Deshalb soll es heute unsere Aufgabe sein, diesen Scherbenhaufen zu ordnen. Wir wollen versuchen, dieses zerklüftete Europa wieder in eine geregelte Ordnung zu bringen. Unser Ziel wird es dabei sein, klar herauszustellen, dass sich Europa von der napoleonischen Herrschaft löste und sich in Folge der Pentarchie des Wiener Kongresses neu ordnen konnte. Aus dieser Bewegung konnte sich die liberal-nationale Opposition gründen, aus welcher letztlich eine wegweisende Organisation entstand – der Deutsche Bund."

L. notiert an der Tafel das Stundenthema „Die Neuordnung Europas durch den Wiener Kongress von 1814/15."

L. sagt: „Übernehmt diese Überschrift bitte in

S. übernehmen die Überschrift in die Hefter.

Tafel, Kreide, Lineal

11.30- 11.45	Lehrervortrag	eure Aufzeichnungen." L. erklärt die Wirkungsprinzipien des Wiener Kongresses: Restauration, Solidarität, Legitimität, Autorität und erstellt simultan ein Tafelbild.	S. schreiben selbstständig mit und fragen bei Verständnisproblemen nach.	Tafel, Kreide
	Einzelarbeit	L. teilt Arbeitsblatt 1 (AB 1) aus und bespricht mit den S. die Arbeitsaufträge. 1.) Ermittle die Verhandlungsteilnehmer samt ihrer Nationalitäten des Wiener Kongresses von 1814/15. 2.) Erarbeite die Vorstellungen dieser zur weiteren Gestaltung Europas infolge der napoleonischen Herrschaft knapp.	S. bearbeiten das AB 1 und lösen die gestellten Aufgaben.	AB 1
	Unterrichts-gespräch	L. sagt: „Lasst uns nun eure Ergebnisse vergleichen." L.: „Das ist richtig. Weiter geht es mit Österreich." L.: „Sehr gut. Dieser Gedanke ist richtig. Wir werden uns danach gleich die Ergebnisse des Wiener Kongress ansehen."	S1: „Großbritannien, vertreten durch Lord Vincent Castlereagh, strebt ein innereuropäisches Mächtegleichgewicht an. Das soll sich vor allem gegen Frankreich richten. S2: „Metternich, der Vertreter Österreichs, wollten Russland und Preußen in ihrem Vordringen nach Europa begrenzen; ich denke ja, weil er auch ein paar Ländereien haben wollte, oder?" S3: „Ich wollte mit Preußen weiter machen. Der Hardenberg will das deutsche Gebiet vereinen. Also einerseits will er den preußischen Besitz	

	L.: „Der Gedanke mit den preußischen Besitzungen ist richtig. Das hast du gut herausgearbeitet, allerding sollte hier noch nicht von der Einigung Deutschlands gesprochen werden. Diese war nicht das erklärte Ziel Preußens. Fahren wir fort mit Russland."	zusammenfügen und dann will der noch die nationalen Gedanken im Volk nutzen, um Deutschland gleich mit zu vereinen.	
		S1: „Russland, vertreten durch Zar Alexander I., hat es sich zum Ziel gesetzt, das Königreich Polen in Personalunion zu regieren."	
	L.: „Gut, dann fehlt uns noch Frankreich. Wer übernimmt es."	S4: „Also wenn ich das richtig verstanden habe, dann hatte Frankreich gar kein direktes Ziel. Es ging einzig nur darum, dass die Franzosen durch England/Österreich aufgenommen wurden, quasi als Gegengewicht zu Preußen/Russland. Das war ihre Chance, wieder auf internationaler Ebene mitzuspielen."	
	L.: „Sehr gut. Das war komplett richtig. Nun kennen wir also die Ziele der sogenannten Pentarchie. Nach einigen Verhandlungen kamen die Verhandlungsteilnehmer uns gleich anschauen werden."		
11.45- 11.55	Lehrervortrag L. teilt AB2 und erklärt die Neuordnung Europas anhand der abgedruckten Karte. L.: „Markiert euch nun die Neugestaltung Europas anhand der Karte." Folgen: R → Finnland/weite Teile Polens E → Gebiete in Übersee F → keine größeren Verluste	S. erhalten AB2 und markieren sich die Neuerungen infolge des Wiener Kongresses von 1815, sodass die Ergebnisse schließlich auf AB2 festgehalten werden.	AB2, Folie1, OHP

27

		Niederlande entstehen Immanente Neuerungen im dt. Reich + Deutscher Bund entsteht		
11.55- 12.05	Unterrichts-gespräch	L. bittet nochmal alle S. nach vorn, sodass jeder einen guten Blick auf den Schuhkarton samt zerschlagenem Teller hat. L. teilt drei S. Handschuhe zu und stellt die Aufgabe, den Teller wieder zusammenzusetzen. L: „Ihr seht, dass die Neuordnung Europa eine höchst schwierige Aufgabe war. Dennoch haben es die Kongressteilnehmer von 1815 geschafft, diese Herausforderung zu bewältigen. Sie ordneten Europa infolge der napoleonischen Besetzung neu, auch wurde der Bereich des ehemaligen Deutschen Reiches neu gegründet. Letztlich ging der Deutsche Bund aus dem Wiener Kongress hervor, welcher genug Zündstoff für die kommenden Jahrzehnte liefern sollte. Damit werden wir uns dann in der nächsten Stunde beschäftigen. Ich wünsche euch noch einen schönen Tag."	S. versammeln sich um den Karton. 3 S. ordnen die Scherben an, erfahren allerdings nach kurzer Zeit, dass diese Aufgabe höchst schwierig ist und nicht in vollem Umfang zu bewältigen ist.	Karton, Scherbenhaufen, Handschuhe